Juan Pablo Ángel

José María Obregón

English translation: Megan Benson

PowerKiDS press.

Editorial Buenas Letras™
New York

Published in 2009 by The Rosen Publishing Group, Inc.
29 East 21st Street, New York, NY 10010

First Edition

Editor: Nicole Pristash
Book Design: Nelson Sa
Layout Design: Julio Gil

Photo Credits: Cover (left, right), pp. 5, 7, 9, 15, 17, 19, 21 © Getty Images; pp. 11 (main), 13 © AFP/Getty Images; pp. 11 (background), 13 (background) Shutterstock.com.

Library of Congress Cataloging-in-Publication Data

Obregón, José María, 1963–
  Juan Pablo Ángel / José María Obregón. — 1st ed.
    p. cm. — (World soccer stars = Estrellas del fútbol mundial)
  English and Spanish.
  Includes bibliographical references and index.
  ISBN 978-1-4358-2732-5 (library binding)
  1. Ángel, Juan Pablo, 1975– —Juvenile literature. 2. Soccer players—Colombia—Biography—Juvenile literature. I. Title.
  GV942.7.A56O27 2009
  796.334092—dc22
                                        2008030605

Manufactured in the United States of America

Contents

Contenido

Juan Pablo Ángel is a Colombian soccer player. He was born on June 24, 1975, in Medellín, Colombia.

Juan Pablo Ángel es un futbolista colombiano. Ángel nació el 24 de junio de 1975, en la ciudad de Medellín.

Ángel started playing soccer in Colombia with the team Atlético Nacional. He was 18 years old when he started playing with this team.

Ángel comenzó a jugar al fútbol con el equipo Atlético Nacional, en Colombia. Juan Pablo tenía 18 años cuando se unió al equipo.

Ángel plays the striker position. The striker's job is to score **goals**, and Ángel has scored many goals.

Ángel juega como delantero. Los delanteros se encargan de meter goles y Juan Pablo ha **anotado** muchos goles.

In 1997, Ángel became a member of the team River Plate, in Argentina. River Plate is one of the best soccer teams in the world.

En 1997, Ángel fue a jugar con el equipo River Plate de Argentina. El River Plate es uno de los mejores equipos del mundo.

Ángel was very successful with River Plate. In four seasons with this team, he scored 45 goals!

Ángel tuvo mucho éxito con el River Plate. ¡En 4 temporadas con el equipo, Ángel anotó 45 goles!

Ángel's **achievements** in Argentina caught the attention of Aston Villa, a team in England. Ángel **joined** Aston Villa in 2001.

El **éxito** de Ángel en Argentina llamó la atención del equipo Aston Villa, de Inglaterra. Juan Pablo se **unió** al Aston Villa en 2001.

Ángel was also a great scorer with Aston Villa. He scored 62 goals for this team.

En el Aston Villa, Ángel también fue un gran goleador. Ángel anotó 62 goles para su equipo.

In April 2007, Ángel joined the New York Red Bulls in Major League Soccer, or MLS. MLS is the soccer league in the United States. In his first season, Ángel scored 19 goals!

En abril de 2007, Ángel se unió al equipo New York Red Bulls de la MLS. La MLS es la liga de fútbol de los Estados Unidos. En su primera temporada, Ángel anotó 19 goles.

In 2007, Ángel was also named the Most **Valuable** Player in the MLS All-Star Game. The All-Star Game is a special game with the best MLS players.

Aquel mismo año, Ángel fue nombrado el jugador más **valioso** en el Juego de las Estrellas de la MLS. El Juego de las Estrellas es un partido especial con los mejores jugadores de la MLS.

Glossary / Glosario

achievements (uh-**cheev**-ments) Great things that are done
with hard work.

goals (**gohlz**) When someone puts the ball in the net to
score points.

joined (**joynd**) Took part in.

valuable (**val**-yoo-bul) Important or worth a lot.

---

anotar Conseguir uno o varios goles.

éxito (**el**) Cuando se consigue algo muy difícil.

unirse Formar parte de un grupo o equipo.

valioso Cuando algo o alguien tiene mucho valor
o eficacia.

Resources / Recursos

Books in English/Libros en inglés

Shea, Therese. *Soccer Stars*. Danbury, CT: Children's Press, 2007.

Bilingual Books/Libros bilingües

Contró, Arturo. *Cristiano Ronaldo*. New York: Rosen Publishing/Buenas Letras, 2008.

Web Sites

Due to the changing nature of Internet links, Rosen Publishing has developed an online list of Web sites related to the subject of this book. This site is updated regularly. Please use this link to access the list:

www.buenasletraslinks.com/ss/angel/

Index

Índice